발 간 사

우리 전통과학은 사람과 자연을 생각하며
생명을 살리는 '살림의 과학' 입니다.

우리가 '과학' 이라고 부를 때, 흔히 '서양과학' 만을 일컫는 경우가 많습니다. 그러나 우리 선조들이 유구한 세월 이루어 온 과학이 있으니, 서양과학과 구별하여 '전통과학' 이라 부릅니다.

우리 전통과학은 사람과 자연을 생각하며 생명을 살리는 '살림의 과학' 입니다. 이런 정신은 우리나라의 전통적인 고기잡이에서도 나타납니다.

천혜의 황금 어장을 끼고 있는 우리나라에서는 연안 어업이 발달했습니다. 그러나 자연적인 지형과 조건을 이용해 고기를 잡았습니다. 그리고 그물코를 넉넉히 하고 바다 밑까지 함부로 훑지 않았습니다. 물고기가 새끼를 낳고 기를 수 있도록 하여 다음 해에도 그다음 해에도 다시 회유할 수 있도록 하였던 것이지요. 이처럼 우리 조상은 사람과 자연의 조화를 추구하였습니다.

보림출판사는 우리 선조들의 과학 정신을 『전통과학 시리즈』에 담았습니다. 철저한 고증을 거쳐 깊이 있는 내용을 그림으로 재현했습니다. 이 책은 우리 선조들의 과학 정신을 이어 나가는 데 밑거름이 될 것입니다.

전통과학시리즈

고기잡이

박구병 글 이원우 그림

글 | 박구병
부산수산대학교(현 부경대학교) 수산경제학과를 졸업하고 경제학 박사 학위를 받았다. 같은 학교 수산경영학과와 자원경제학과 교수를 지냈고
우리나라 수산경제학과 수산업사 연구에 힘썼다. 주요 저서로는 《수산경제론》, 《한국수산업사》, 《한반도연해포경사》 등이 있다.

그림 | 이원우
추계예술대학 서양화과를 졸업하였고 지금은 어린이책에 그림을 그리고 있다. 작품으로 그림책 《홍길동》, 《나도 알고 보면 괜찮은 아이예요》 등이 있다.

전통과학 04
고기잡이 ⓒ 이원우, 보림 1998 ⚠주의 책 모서리가 날카로우니 던지거나 떨어뜨리지 마세요. (사용연령 3세 이상)

초판 1쇄 발행 1998년 10월 30일 · **2판 15쇄 발행** 2021년 1월 10일 · **글** 박구병 · **그림** 이원우 · **기획** 주강현, 정동찬, 신동원 **편집** 최정선, 김영미, 장원정
디자인 디자인문제연구소 – 박순보, 김인규, 김승보, 박성준 · **펴낸이** 권종택 · **펴낸곳** (주)보림출판사 · **출판등록** 제406-2003-049호 · **주소** 10881 경기도 파주시 광인사길 88 (문발동)
전화 031-955-3456 · **팩스** 031-955-3500 · **홈페이지** www.borimpress.com · **ISBN** 978-89-433-0508-6 67520 / 978-89-433-0069-2 (세트) ● 잘못된 책은 바꾸어 드립니다.

고기잡이

물고기를 맨손으로 잡는다

물고기를 통발로 잡는다

물고기를 그물로 잡는다

차례

사람들은 언제부터 물고기를 잡았을까? 6

맨손으로 잡기 8

맨 처음 만든 어구 10

고래를 처음 잡은 건 언제일까? 12

보이지 않는 물고기 잡기 14

물의 흐름과 발로 잡기 16

한꺼번에 많은 물고기 잡기 18

우리나라에서는 어떻게 물고기를 잡았을까? 20

물살을 이용하여 물고기 잡기 22

후릿그물과 걸그물 24

물고기 떼 찾아 잡기 26

여러 줄 낚시 28

깊은 물속으로 물질하기 30

함정에 가두어 잡기 32

물고기 떼를 따라 열리는 파시 33

바닷가 사람들은 어떻게 살았을까? 34

생선을 다듬고 말리기 36

조개와 해조류 따기 38

배도 고치고 그물도 뜨고 40

사람과 바다가 하나 되어 42

수산물의 다양한 쓰임새 44

용어 풀이 46

찾아보기 47

사람들은 언제부터 물고기를 잡았을까?

아주 먼 옛날, 구석기 시대부터 사람들은 물고기를 잡았다. 하지만 사람들은 주로 매머드같이 몸집이 큰 육지 동물을 사냥하며 떠돌이 생활을 하였다. 구석기 시대는 빙하기로, 자연환경이 물고기를 잡기에 적합하지 않았기 때문이다. 그러나 지금으로부터 약 1만 년 전, 빙하기가 끝나고 기온이 높아진 뒤 신석기 시대가 시작되었다. 육지의 눈과 얼음이 녹아 바다로 흘러들어 바닷물의 높이가 높아지고, 해안선의 굴곡이 심해졌다. 또 물의 깊이가 얕고 파도가 낮은 만이 곳곳에 생겼다. 육지에는 강물이나 시냇물이 흘렀다. 바다와 육지의 물속에는 물고기나 조개가 아주 많이 살았다.

사람들은 사나운 육지 동물 사냥에 비해 훨씬 덜 위험하고 잡기도 쉬운 물고기와 조개 잡이에 눈을 돌렸다. 신석기 시대 사람들은 물고기를 잡으면서 한곳에서 먹을 것을 구할 수 있게 되었다. 정착 생활이 시작된 것이다.

신석기 시대 후기, 원시 농경이 시작된 뒤에도 농산물의 수확량은 얼마 되지 않아 고기잡이는 식량을 얻는 방법으로 매우 중요했다. 처음에는 맨손으로 물고기를 잡았지만 나중에는 작살이나 낚시, 그물 등의 어구를 만들어 물고기를 좀 더 쉽게 많이 잡을 수 있었다. 오늘날까지도 쓰는 이런 어구들은 모두 신석기 시대로부터 비롯되었다.

작살을 이용한 고기잡이
작살은 선사 시대의 대표적인 고기잡이 도구이다.
막대기의 끝을 뾰족하게 만들어 물고기를 찔러 잡는다.

맨손으로 잡기

바다에서 가장 쉽게 잡을 수 있는 것은 조개였다. 신석기 시대 해안에는 냇가의 돌처럼 조개가 그득그득 깔려 있어 바다는 조개의 저장고나 다름없었다. 조개는 맨손이나 간단한 기구로 쉽게 잡을 수 있었기 때문에 사람들은 필요한 때에 필요한 만큼 잡아서 먹을 수 있었다. 인류가 풍부한 조개를 식량으로 삼게 된 것은 식생활의 혁명이었다. 사람들이 가장 많이 먹은 조개류는 굴이었고 백합과 홍합, 그리고 전복과 소라도 즐겨 먹었다.

신석기 시대 사람은 조개를 먹은 뒤 조개껍데기를 움집 근처의 한곳에 버렸다. 이것이 '조개무지'이다. 사람들은 조개무지를 그들이 잡아먹은 동물들의 영혼이 깃든 신성한 장소라고 생각하고 죽은 사람을 조개무지에 묻기도 하였다. 사람과 동물의 영혼을 축복받은 저세상으로 보내고 그들이 다시 태어나기를 빈 것이다. 조개무지는 바다로 진출한 인류의 기념물이기도 하다.

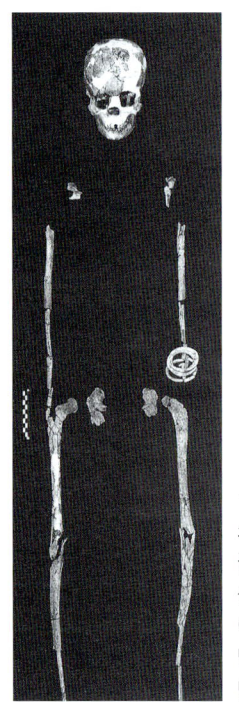

◀ **신석기 시대 소녀의 뼈**
소녀의 왼쪽 팔목에는 조가비 팔찌가 끼워져 있다. 경상남도 산등 조개무지에서 나왔다. 이처럼 신석기 시대에는 먹고 남은 조개껍데기로 치장거리를 만들었다.

◀ **조가비 팔찌와 장난감**
사진 왼쪽과 오른쪽은 팔찌이다. 가운데에 구멍을 뚫은 조개껍데기는 입을 크게 벌리고 활짝 웃고 있는 사람의 얼굴을 나타낸 것이다. 어린이의 장난감이었던 것 같다. 부산 동삼동 조개무지에서 나왔다.

▶ 잠수해서 조개를 따는 사람
경상남도 욕지도 조개무지에서 나온 사람의 머리뼈에서는 귓구멍에 뼈처럼 굳은 종양이 발견되었다. 이것은 찬물이 귓구멍을 자극해서 생긴 것이다. 신석기 시대 사람들은 조개나 물고기를 잡기 위해 잠수를 많이 했던 것 같다.

◀ 조개를 찌는 사람들
조개가 많이 날 때에는 조개를 쪄서 말려 보존 식품으로 삼거나 다른 지역과 물물 교환도 했을 것이다. 특히 자극적인 맛이 나는 홍합류는 쪄서 먹었다.

굴을 따는 사람들
신석기 시대 사람들은 굴을 즐겨 먹었다. 굴은 얕은 물속의 바위에 붙어 살아서 잡기 쉽고 자극적인 맛이 없어 날로 먹을 수 있다.

돌로 조개를 찌는 방법

❶ 땅을 약간 파고 그 위에 돌을 깐다.
❷ 불을 피워 돌을 뜨겁게 달군다.
❸ 달군 돌 위에 조개를 평평하게 깐다.
❹ 큰 잎이나 거적으로 덮어서 조개를 찐다.

맨 처음 만든 어구

맨 처음 물고기를 잡을 때에는 맨손으로 잡거나, 물고기가 숨은 돌을 커다란 돌로 쳐서 물고기가 기절해 떠오르면 잡았다. 또 육지 동물을 사냥하던 창이나 활과 화살 같은 도구를 쓰기도 했을 것이다. 그러나 사람들은 점차 물고기를 잡는 도구(어구)를 발명하였다. 가장 먼저 만든 것이 작살인데 오늘날까지도 쓰이고 있다. 작살은 날카롭고 뾰족한 끝을 나무 막대기에 단 어구이다. 자루가 달린 작살은 끝이 뾰족하고 예리하여 가까운 거리에서 눈에 보이는 고기를 정확하게 찔러 잡을 수 있었다. 처음에는 나무나 대나무 막대기의 한쪽 끝을 뾰족하게 만든 단순한 것이었지만 점차 돌이나 뼈같이 단단한 물질로 작살 끝을 따로 만들어 붙였다. 그리고 작살 끝에 '미늘'이라는 뾰족한 가시를 만들어서 한번 찔린 물고기가 다시 빠지지 않도록 하였다.

▲ **맨손으로 물고기를 잡는 사람들**
물속으로 들어가 물고기를 맨손으로 잡는 가장 원시적인 방법이다.

나무를 깎아 만든 맨 작살

가장 초기의 작살이다. 나무 막대기의 끝을 뾰족하게 깎아 만들었다. 불기를 살짝 쬐면 나무가 말라 단단해진다.

작살을 사용하는 사람들
날카로운 미늘이 달린 작살로 고기를 잡고 있다.

돌 작살
돌을 날카롭게 다듬어 막대기에 연결한 작살이다. 나무 막대기의 끝을 벌려 작살 끝에 돌을 꽂고 끈으로 묶는다.

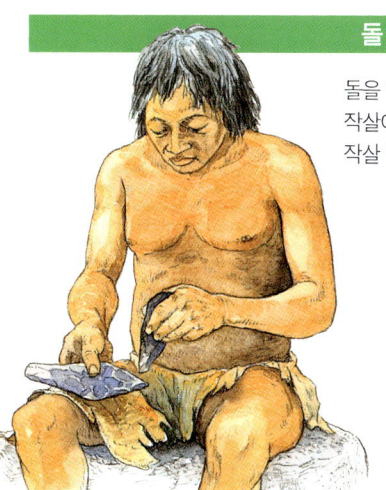

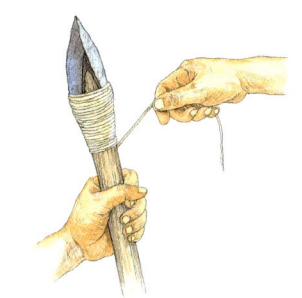

쇠 작살
쇠를 이용하면서부터 작살도 쇠로 만들었다. 쇠로는 튼튼하고 다양한 모양의 작살을 만들 수 있었다.

● 미늘

◀ **거푸집 만들기**
연한 활석에 작살 모양을 새기고 돌칼로 매끄럽게 다듬어 거푸집을 만든다.

▶ **쇳물 붓기**
거푸집을 단단히 묶고 녹은 쇳물을 붓는다. 거푸집에서 꺼낸 작살을 다시 돌에 다듬어 날카롭게 만든다.

뼈·뿔 작살
짐승의 뼈 조각을 조금 휘어서 양 끝을 뾰족하게 갈고 끈으로 허리를 묶으면 미늘 달린 작살 끝이 된다. 단단한 사슴 뼈나 뿔을 많이 썼다. 가오리의 가시 돋친 꼬리뼈로도 만들었다.

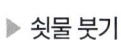

◀ **뼈·뿔 갈기**
사슴 뼈 등을 깎아 숫돌에 갈아 양 끝을 뾰족하게 만든다.

▼ **회전식 분리 작살**
큰 물고기나 바다표범 같은 바다 짐승들을 잡는 데 썼다. 짐승 몸에 박히면 작살 끝은 빠지고 자루에 달린 줄이 당겨지면서 작살 끝이 회전하여 빠지지 않는다.

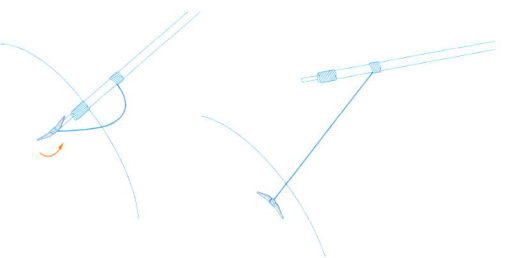

고래를 처음 잡은 건 언제일까?

고래는 바다에 사는 생물 중 가장 큰 동물이다. 신석기 시대부터 사람들은 고래를 식량으로 삼았다. 신석기 시대에 잡은 고래는 주로 돌고래였을 것이다. 여러 척의 배가 무리를 지어 다니는 돌고래 중 몇 마리를 얕고 후미진 해안으로 몰면서 작살을 던져 잡은 것이다. 우리가 '고래'라고 부르는 대형 고래는 청동기 시대 이후에나 잡을 수 있었을 것이다. 발달된 금속 작살과 널빤지로 만든 커다란 배가 있어야 하기 때문이다.

당시 고래잡이 모습은 울산 반구대 암각화를 통해 엿볼 수 있는데, 우리나라에서는 2,000년 전 또는 그보다 훨씬 앞선 시기에 고래잡이가 발달했음을 알 수 있다. 세계적으로도 앞선 방법을 사용하였다. 그러나 신석기 시대 유적에서 발견되는 고래 뼈는 대부분이 해안에 밀려온 고래의 뼈이다. 그 시대 사람들에게 거대한 고래는 하늘이 준 고마운 선물이었을 것이다. 그들은 고래 고기를 실컷 먹고 뼈는 생활용품을 만드는 데 사용하였을 것이다.

▲ 해안에 밀려온 고래
고래는 지금도 해안에 밀려오는 일이 많다. 병이나 부상으로 죽어서 해안으로 밀려오는 것 외에도, 산 채로 해안에 와서 죽음을 맞는 고래도 많다. 그러나 산 고래가 해안에 밀려오는 이유는 아직까지 분명하지 않다.

▲ 암각화에 새겨진 참고래의 모습
두 갈래로 숨을 내뿜는 참고래이다. 참고래는 느리고 온순한 데다, 죽으면 물속에 가라앉지 않고 뜨기 때문에 비교적 쉽게 잡을 수 있다. 선사 시대에 동해에서는 이 참고래도 잡았을 것이다.

돌고래를 잡는 사람들
배 여러 척이 돌고래를 해안으로 몰아 물속으로 잠수하지 못하게 하고 작살을 던진다.

고래잡이 바위 그림

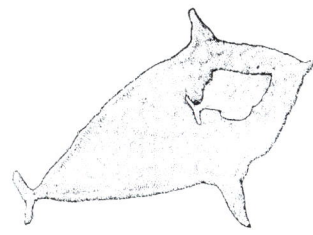

◀ **새끼를 밴 고래**
새끼를 밴 고래 또는 고래 새끼가 어미의 머리 위에서 헤엄치는 것을 나타낸 것으로 보인다. 고래가 새끼를 배어 많이 불어나고, 연안으로 많이 몰려오기를 비는 그림이다.

◀ **고래에 꽂힌 금속 작살**
대형 고래에게 던지는 작살은 청동 작살이나 쇠 작살 같은 금속 작살이었을 것이다. 고래가 많이 잡히기를 비는 그림이다.

◀ **고래 무리 속의 고래잡이배**
약 여섯 명이 탄 배가 있고 그 위에는 죽어서 뒤집힌 고래가 있다. 무리 속에 들어가 고래를 잡으려면 크고 튼튼한 배가 있어야 하고, 능숙하게 배를 조종할 수 있어야 한다. 또 작살을 만들고 던지는 기술도 발달해야 한다.

▼ **바위에 새긴 고래잡이의 바람**
울산 반구대 바위에 새겨진 갖가지 고래잡이 그림을 보면 옛사람들의 고래에 대한 생각을 알 수 있다.

▼ **돌고래 이빨 발찌**
발찌를 만드는 데 쓴 돌고래, 수달, 너구리의 이빨이다. 신석기 시대 사람들은 몸치장에도 꽤 신경을 썼던 것 같다. 경상남도 통영 연대도 조개무지에서 발견되었다.

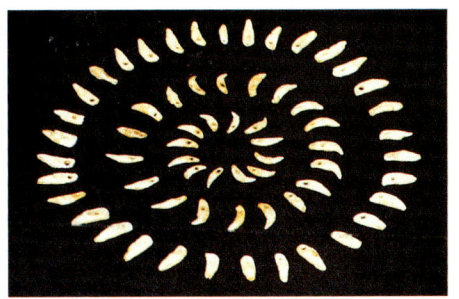

13

보이지 않는 물고기 잡기

날카로운 낚시에 미끼를 끼워 물속에 드리우면 물고기는 먹이인 줄 알고 덥석 문다. 그러면 미끼 속에 있던 바늘이 물고기에 박히고, 바늘에 연결된 줄을 감아 올리면 물고기를 잡을 수 있다. 이는 커다란 발명이었다. 사람들이 눈에 안 보이는 물고기를 미끼로 유인해서 잡을 수 있게 된 것이다.
맨 처음 발명한 낚시는 일직선 모양의 '곧은 낚시'였을 것이다. 물고기가 낚시를 삼키면 물고기 몸속에서 바늘과 낚싯줄이 T자처럼 되어 빠지지 않는다. 사람의 지혜가 발달하면서 '굽은 낚시'도 생겨났다. 굽은 낚시는 물고기가 삼키면 구부러진 모양과 미늘 때문에 물고기 살에 잘 박히고 바늘을 떼어 내기도 쉬웠다. 굽은 낚시에는 바늘 부분과 몸체 부분을 따로 만들어 묶은 '이음 낚시'와, 처음부터 갈고랑이 모양으로 만든 '단식 낚시'가 있었다.

손낚시를 하는 사람들
손에 든 실패(견지)에는 낚싯줄이 감겨 있다. 미끼가 꿰인 낚시를 물고기가 건드리거나 물면 실을 통해 느낌이 전달된다.

▼ 낚시하는 모습

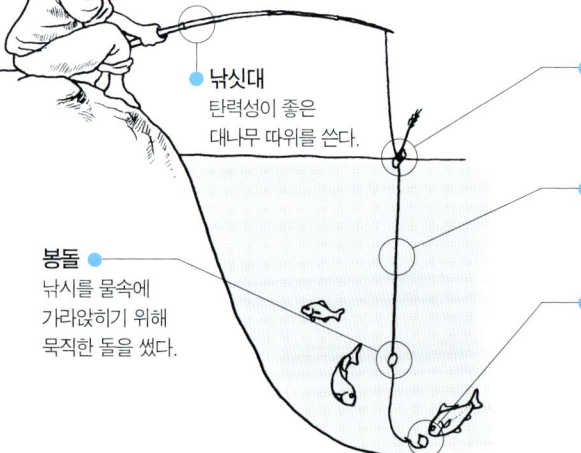

낚싯대
탄력성이 좋은 대나무 따위를 쓴다.

찌
물고기가 미끼를 물거나 건드리면 찌가 움직인다.

낚싯줄
낚싯줄은 물고기가 알 수 없도록 가늘고 질겨야 한다.

봉돌
낚시를 물속에 가라앉히기 위해 묵직한 돌을 썼다.

낚시와 미끼
잡으려는 물고기의 입 모양과 크기에 따라 바늘의 모양과 크기가 달라진다. 잡으려는 물고기가 좋아하는 것을 미끼로 쓴다.

사슴 뼈로 만든 이음 낚시 바늘
줄을 묶을 수 있도록 안쪽에 한 개, 바깥쪽에 세 개의 홈이 패여 있다. 부산 범방 조개무지에서 나왔다.

곧은 낚시

가장 오래된 낚시이다.
양 끝을 뾰족하게 만들고 중간에 홈을 파서 낚싯줄을 맨다.

▼ 물고기가 문 모습

낚싯줄을 가운데 묶었기 때문에, 물고기가 낚시를 삼키고 당기면 낚시와 낚싯줄이 'T'자 모양이 되어 낚시가 빠지지 않는다.

이음 낚시

큰 물고기를 낚기 위해 몸체와 바늘을 따로 만들어 이은 낚시이다. 바늘은 사슴 뿔이나 뼈를 갈아 만들고 끝에는 미늘을 단 것이 많다. 몸체와 바늘을 따로 만들어 끈으로 묶으면 잘 부러지지 않고, 부러져도 다시 묶어 쓸 수 있었다. 또 대형 낚시를 만들 수 있었다.

◀ 몸체를 돌로 만들면 오래 쓸 수 있고 무게가 있어 봉돌을 달지 않아도 되었다.

단식 낚시

몸체와 바늘을 한꺼번에 만든 낚시이다. 미늘이 있는 것과 없는 것 두 종류가 있다.

◀ 청동 낚시 거푸집

청동을 쓰면서부터 낚시의 모양을 자유롭게 만들 수 있고 잘 부러지지 않는 대형 낚시도 만들 수 있었다. 짧은 시간에 많은 낚시를 만들 수도 있었다. 이는 낚시 기술의 일대 혁신이었다.

사슴 뿔로 낚시 만들기

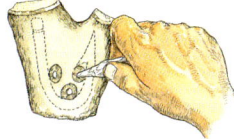
❶ 밑그림 그리기
사슴뿔 가지 부분에 밑그림을 그리고, 깎기 어려운 둥근 부분에 구멍을 뚫어 둔다.

❸ 숫돌에 갈기
거친 숫돌에 먼저 갈고 나서 고운 숫돌로 마무리한다.

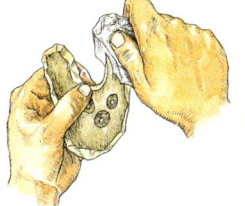
❷ 깎기
돌칼을 써서 조심스럽게 낚시 모양으로 뿔을 깎는다.

❹ 낚싯줄 달기
낚시 윗부분에 홈을 만들어 낚싯줄을 맨다.

물의 흐름과 발로 잡기

개울이나 강, 골짜기 같은 곳은 물살이 빠르게 흐른다. 이런 곳에 나뭇가지나 대나무를 엮어 함정을 만들거나 발을 만들어 세우면 큰 힘을 들이지 않고 물고기를 잡을 수 있다. 물고기가 물의 흐름을 거스르지 못하고 갇히기 때문이다. 이런 어구는 만들기도 쉽고 설치하는 방법도 간단하다. 그래서 자연적인 조건만 갖추어지면 물고기를 쉽게 잡을 수 있었다. 이런 방법은 점차 바다에서도 쓰이게 되었다. 바다에서는 돌을 이용하기도 하였다. 조수 간만의 차가 큰 개펄에 돌로 담을 쌓으면 밀물 때 바닷물을 따라 들어온 물고기가 썰물 때에 걸려 빠져나가지 못한다. 이렇게 잡은 물고기는 다치지 않아 싱싱한 식량이 되었다.

지형을 이용한 발
강이나 시내에 돌을 쌓아 물이 한곳으로 급하게 흐르도록 한다. 그곳에 대나무 발을 놓아 물과 함께 떨어지는 물고기들을 잡는다.

▼ 물고기를 덮어 가두는 가리
하천에서 물고기가 있는 곳을 찾아 가리로 물고기를 덮어씌운 뒤 손을 넣어 집어낸다.

▶ 가리
아래 위가 뚫려 있다.

▶ 물고기가 갇히는 함정 - 통발
통발은 시내에 설치한다. 돌로 물을 막고 설치하기도 한다. 통발은 물고기가 들어가면 빠져나오기 어려운 구조로 되어 있다. 물고기를 꺼낼 때는 꼬리의 매듭을 풀고 꺼낸다.

▶ 통발
물의 흐름 때문에 물고기는 통발의 좁은 구멍 속으로 빠진다.

▶ 돌살
조수가 드나드는 얕은 해안에 반달 모양으로 돌담을 길게 쌓는다. 밀물 때에 돌담 안에 들어왔던 물고기가 썰물 때에 돌담 안에 갇히면 잡는다. 아주 원시적인 물고기 잡이 장치이지만 지금까지도 사용하는 곳이 있다.

한꺼번에 많은 물고기 잡기

그물을 쓰면서부터 한꺼번에 많은 물고기를 잡을 수 있게 되었다. 그물은 실이나 노끈으로 뜬다. 그물로 물고기를 잡을 때는 물고기를 포위하여 잡거나, 그물을 미리 설치해 놓고 그 안에 들어온 물고기나 그물코에 꿰인 물고기를 잡는다. 그물코의 크기는 잡고자 하는 물고기의 크기에 따라 달리 만든다. 그물의 아래쪽에는 그물이 물속에 잘 가라앉도록 돌이나 흙을 구워 여러 가지 모양으로 만든 발돌을 달았다. 그물 위쪽에는 그물이 완전히 가라앉지 않도록 뜸을 달았다. 뜸은 두꺼운 나무껍질같이 가볍고 부력이 있는 물질로 만들었다.

처음에는 잠자리채처럼 생긴 간단한 그물과 족대·반두·쨍이같이 작은 그물을 많이 쓰다가, 점차 크고 능률적인 여러 가지 그물을 만들어 썼다. 고기잡이배의 발달에 따라 아주 커다란 그물을 쓸 수 있게 되었고 그물을 치는 어장의 범위도 넓어졌다.

◀ **사둘을 쓰는 사람**
사둘은 잠자리채 모양의 초기 그물이다. 작은 그물에 막대기를 달아 손잡이로 써서 물고기를 떠 올린다.

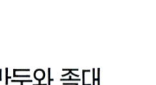

▶ **반두와 족대**
두 개의 막대에 그물을 달아 사람이 직접 들고 물고기를 잡는 그물이다. 반두는 약간 길어서 보통 두 사람이 맞잡고 쓴다. 족대는 크기가 작아 한 사람이 쓴다.

쟁이를 던지는 사람들
던지는 그물 '쟁이'이다. 쟁이에는 여러 개의 발돌이 달려 있어 물속에 가라앉은 뒤 줄을 끌어당기면 그물 입구가 좁아져 물고기가 빠져나가지 못하고 잡힌다.

원시 그물의 흔적

원시 그물의 모습
그물은 썩었지만 발돌이 출토되어 당시에 그물로 물고기를 잡았음을 알 수 있다. 이 그물은 당시 발돌을 이용하여 복원한 것이다.

발돌
그물 아래쪽에 달아 그물을 물속으로 가라앉힌다. 발돌의 크기로 그물의 크기를 짐작할 수 있다. 발돌에는 줄을 매도록 양 끝에 홈이 패어 있다.

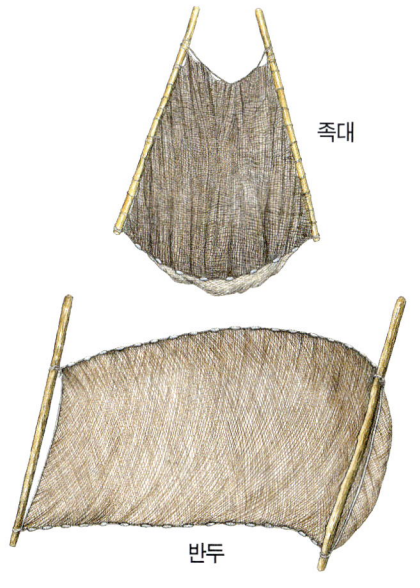

족대

반두

우리나라에서는 어떻게 물고기를 잡았을까?

우리나라는 고기잡이에 아주 유리한 자연적 조건을 갖추고 있다. 수산 동식물의 서식에 적합한 대륙붕이 매우 넓으며, 한류와 난류가 모두 흐르고, 바다로 흘러드는 하천도 많아 동식물의 성장·번식에 필요한 영양물이 풍부하다. 그래서 연안에서 서식하거나 회유하는 물고기들이 매우 많고 또 다양하여 일찍부터 연안 어업이 발달하였다.

우리 조상들은 자연환경과 지형적인 특성을 잘 활용하여 물고기를 잡았다. 밀물과 썰물의 차이가 큰 서해안에서는 조수의 드나듦과 빠른 물살을 이용하여 물고기를 잡았다. 주목망·중선망 같은 그물과 발로 만든 어살이 그것이다. 반면에 수심이 깊고 모래사장이 발달한 동해안에서는 해안에서 끌어당기는 후릿그물을 많이 썼다.

가장 많이 잡은 물고기는 동해의 명태와 서해의 조기이다. 고기잡이에 쓰이는 어구 가운데 가장 중요한 것은 그물이다. 그물은 신석기 시대부터 쓰기 시작하여 조선 시대 말기에 이르기까지 쓰임새에 따라 다양한 형태로 발달하였다.

출어하는 중선망배
물고기를 잡으러 배를 타고 나가는 것을 '출어'라고 한다. 동네 사람들이 바닷가까지 나와 물고기를 많이 잡고 안전하게 돌아오기를 기원하고 있다.

물살을 이용하여 물고기 잡기

우리나라 서해안은 밀물과 썰물의 차이가 크고 조류가 빠르다. 이런 특성을 이용하여 밀물과 썰물을 따라 오가는 물고기를 잡는 방법이 발달하였다. 대표적인 방법이 '중선망'을 이용하여 물고기를 잡는 것이다. 중선망은 입구가 넓고 끝으로 갈수록 좁아지는 긴 자루 모양의 그물이다. 배의 양쪽에 매달린 그물의 입구를 벌려서 물속에 쳐 놓으면, 고기 떼가 빠른 조류에 실려 그물 안에 들어와 그물 끝 쪽으로 몰린다. 물고기가 많이 들면 그물 끝 쪽을 배에 올려 물고기를 부린다.

조기는 서해에서 가장 많이 잡히는데 보통 중선망으로 잡았다. 새우도 이와 비슷한 '해선망'이라는 그물로 잡았다. 새우를 잡을 때는 배에 소금과 독을 싣고 나가 그 자리에서 소금에 절여 젓갈을 담갔다.

▼ 바다에 설치한 주목망

● 닻줄

● 암해
물속에 내린 나무

주목망

바다 밑에 큰 기둥을 세우고 두 기둥 사이에 긴 자루 모양의 그물을 단다. 그물 입구를 조류가 흘러오는 쪽을 향하게 설치하는데 썰물과 밀물의 흐름에 맞추어 방향을 바꾼다. 주로 조기를 잡았지만 민어, 삼치, 가자미 등도 함께 잡혔다.

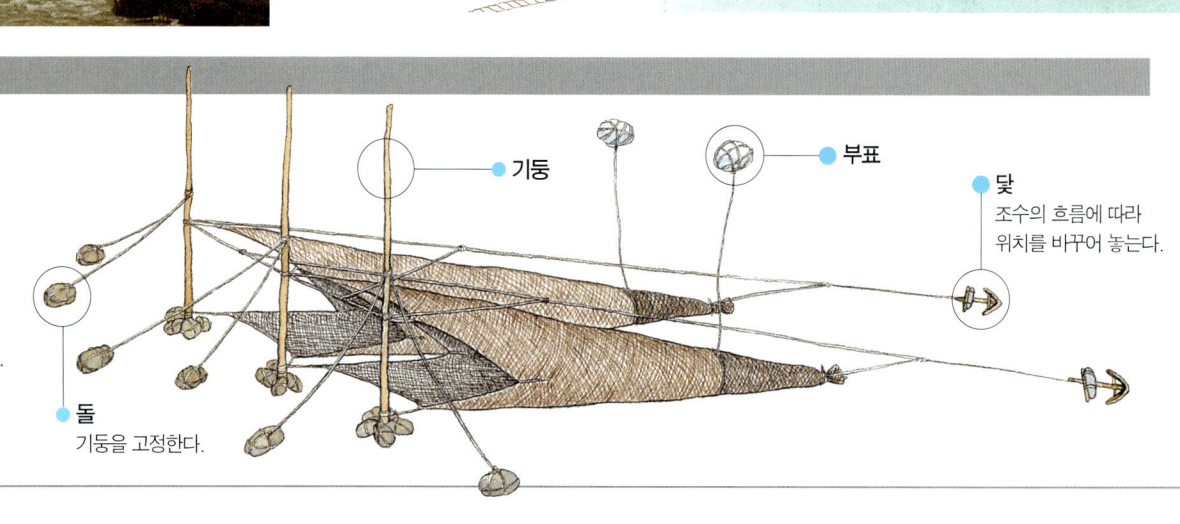

● 기둥

● 부표

● 닻
조수의 흐름에 따라 위치를 바꾸어 놓는다.

● 돌
기둥을 고정한다.

중선망

조기를 잡는 그물이다. 조류가 빠른 곳에서 닻을 내리고 조업을 하기 때문에 중선망의 닻은 매우 크고 튼튼하다. 새우를 잡는 해선망도 이와 비슷한데 크기가 작고 끝쪽의 그물코가 모기장처럼 매우 촘촘하다.

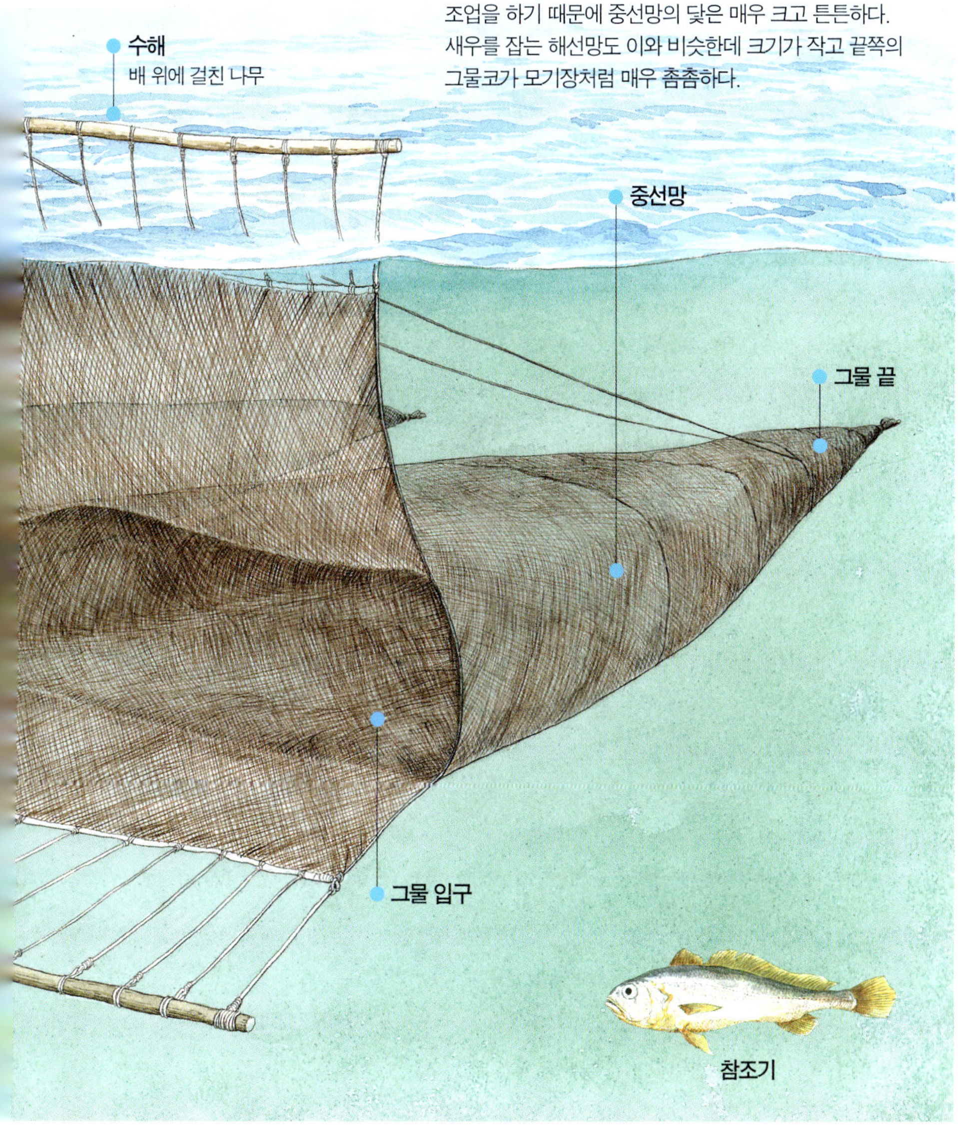

- 수해: 배 위에 걸친 나무
- 중선망
- 그물 끝
- 그물 입구
- 참조기

중선망으로 고기 잡기

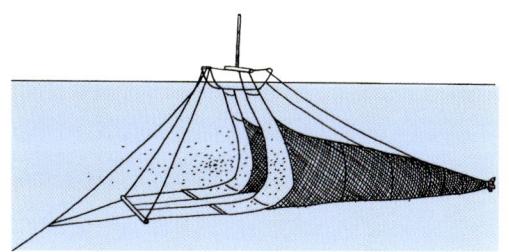

❶ 조류를 타고 물고기 떼가 그물로 들어간다. 배는 닻으로 고정되어 있다.

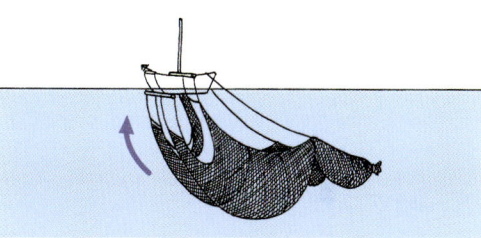

❷ 물속에 내렸던 암해를 배 밑바닥까지 끌어 올린 후 그물 끝 부분을 배 위로 끌어 올린다.

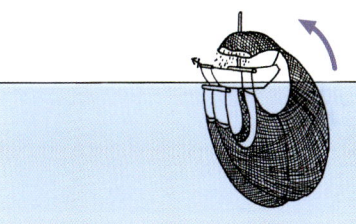

❸ 그물 끝을 풀어 물고기를 배에 부린다.

서해안에서 물고기가 많이 잡히는 이유

대륙붕 어장이다

수심 200m 이내의 얕은 바다를 '대륙붕'이라고 한다. 대륙붕에서는 물살이 빨라 바다 밑의 영양 염류가 떠오른다. 또 강물에서 유기물이 흘러들어 플랑크톤이 잘 자라 수산 동물의 먹이가 풍부하다. 평균 수심 80m인 서해는 전 바다가 대륙붕 해역이다. 서해안은 각종 동물들이 알을 낳고 새끼를 키우기에 알맞다.

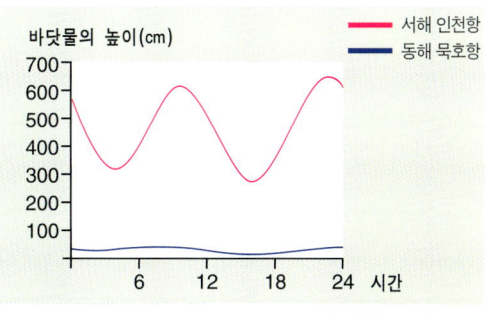

▲ 동·서해안의 조석 곡선

물살이 빠르다

밀물과 썰물은 태양과 달의 인력이 지구에 작용해 바닷물을 끌어당기는 현상이다. 인력에 의해 이동하는 바닷물의 양은 같으므로 수심이 얕으면 밀물과 썰물의 차가 커지고 물이 드나드는 속도도 빨라진다.

밀물일 때와 썰물일 때 수심의 차이는 서해안에서는 7m에 이르기도 하나, 동해안에서는 1m에도 미치지 못한다. 밀물이 들어오는 속도도 서해안에서는 48~60m/분 정도에 비해, 동해안에서는 12~18m/분에 불과하다.

후릿그물과 걸그물

수심이 깊고 모래펄이 발달한 동해안은 해안에서 그물을 당기는 '후릿그물'을 쓰기에 편리하다. 후릿그물은 긴 띠와 같은 모양인데 양 끝에 끌줄이 달려 있다. 한쪽 끌줄을 육지에 두고, 배를 타고 나가 반달 모양으로 그물을 내려 물고기를 에워싼 뒤에 반대쪽의 끌줄을 육지에 올린다. 육지에서 여러 사람이 양쪽 끌줄을 끌어당겨 그물 가운데 부분인 고기받이에 몰린 물고기를 잡는다.

'걸그물'도 많이 쓰였다. 걸그물은 가로로 긴 그물을 바닷물 속에 병풍처럼 세워 그곳을 지나가던 물고기가 그물코에 걸리도록 만든 그물이다. 그물을 친 뒤, 근처에서 기다리다가 끌어 올려 그물코에 걸린 물고기를 뽑아낸다. 걸그물은 동해안뿐 아니라 우리나라 전역에서 널리 쓰였다.

동해안에서 물고기가 많이 잡히는 까닭은?

바다에는 한 방향으로 흐르는 물의 흐름이 있다. 이를 '해류'라고 한다. 해류에는 주변 바다보다 따뜻한 '난류', 주변 바다보다 차가운 '한류'가 있다. 한류에는 영양 염류가 풍부하고 난류는 빛의 투과가 좋기 때문에 두 해류가 만나면 플랑크톤이 살기에 좋은 어장이 형성된다. 동해안에서는 리만 한류에서 갈라진 북한 한류와 쓰시마 난류의 가지인 동한 난류가 만나고 한류성·난류성 어족이 모두 많아 수산 자원량이 아주 풍부하다.

① 리만 한류 ② 북한 한류 ③ 동한 난류 ④ 쓰시마 난류

걸그물의 구조

발돌 — 무게가 나가는 돌을 매달아 그물이 아래로 펴지고 고정되도록 한다.

뜸 — 가벼운 물질로 만들어 그물이 가라앉지 않도록 한다.

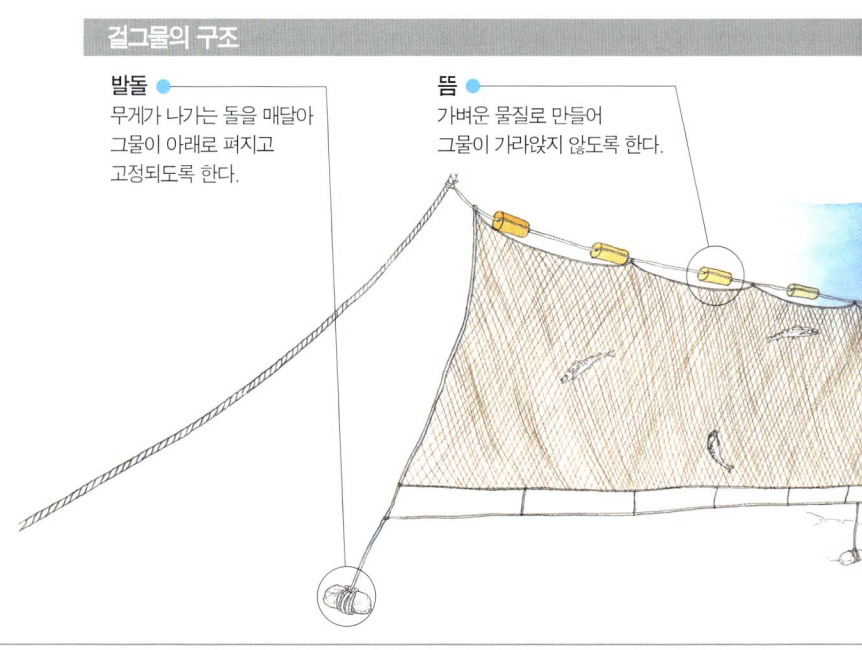

후릿그물로 물고기 잡기

❶ 그물 끌줄의 한쪽 끝을 해안에 두고 배를 타고 바다에 나간다.

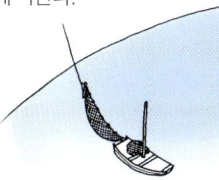

❷ 고기 떼를 둘러싸고 배는 해안으로 돌아온다.

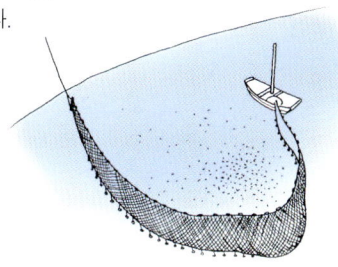

❸ 그물 양 끝을 끌어당긴다.

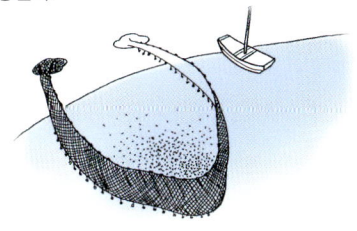

후릿그물을 쓰는 사람들
그물을 끌어당겨 조인 뒤, 사둘로 물고기를 떠 올린다. 후릿그물을 당기는 육지와 그물을 둘러치는 바다 밑 모두 바위가 없이 평평해야 한다. 또 연안에 대량의 물고기 떼가 몰려와야 한다. 동해안에서는 후릿그물로 멸치를 많이 잡았다.

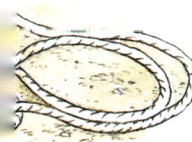

● **그물**
물고기의 몸이 그물코에 걸린다. 그물코의 크기는 물고기 몸 둘레를 고려해 만든다.

명태

걸그물로 명태를 잡는 사람들
이른 아침 어장에 나가 그물을 내린 고기잡이배는 부근에서 닻을 내리고 기다린다. 시간이 지난 뒤 그물을 걷어 올린다. 걸그물은 우리나라 전 해역에서 쓰였는데 특히 동해안에서는 명태를 많이 잡았다.

물고기 떼 찾아 잡기

우리나라 그물은 고기잡이 터인 어장에 쳐 놓고 물고기가 들어오거나 걸리기를 기다리는 것이 대부분이었다. 그런데 조선 시대에는 비교적 먼 바다로 나가 물고기를 찾아 잡는 '망선망'이라는 그물을 쓰게 되었다. 망선망은 물고기 떼를 발견하면 재빨리 쫓아가 물고기 떼를 둘러싸서 잡는, 대단히 능동적인 그물이다.

망선망을 쓰려면 그물을 싣는 그물배와 보조선, 두 척의 배가 필요하다. 물고기 떼를 발견하면 그물배는 빠른 속도로 물고기 떼를 둘러싸고 그물로 몰아넣는다. 망선망을 쓰려면 크고 튼튼한 배와 배를 빠르게 부릴 수 있는 기술이 있어야 한다. 망선망은 떼를 지어 회유하는 물고기를 포위해 그물을 죄어 물고기를 잡는 두릿그물의 하나이다.

망선망
조선 시대에 가장 발달한 그물이다. 비교적 먼바다에서 하루에 대여섯 번 정도 물고기를 잡는다. 강원도 이북에서는 도미·고등어·삼치·작은 방어·전어 등을, 전라도 이북 지방에서는 조기·민어·준치·갈치·달강어·병어 등을 잡았다

그물
무명실로 만든다. 길이는 약 200m, 그물의 가장 넓은 부분은 약 30m, 양 끝은 약 20m에 이르는 큰 그물이다.

뜸
그물이 위로 뜨도록 한다. 굴참나무 껍질 대여섯 장을 겹쳐서 가운데 구멍을 뚫어 뜸줄에 맨다.

발돌
1kg 정도의 돌을 약 4m 간격으로 단다. 그물을 물속으로 가라앉힌다.

▼ **망선망에서 물고기 올리기**
망선망으로 물고기를 포위한 뒤 그물을 죄어 물고기를 잡아 올린다. 사둘로 물고기를 떠 올리는 사람들이 보인다.

고등어

갈치

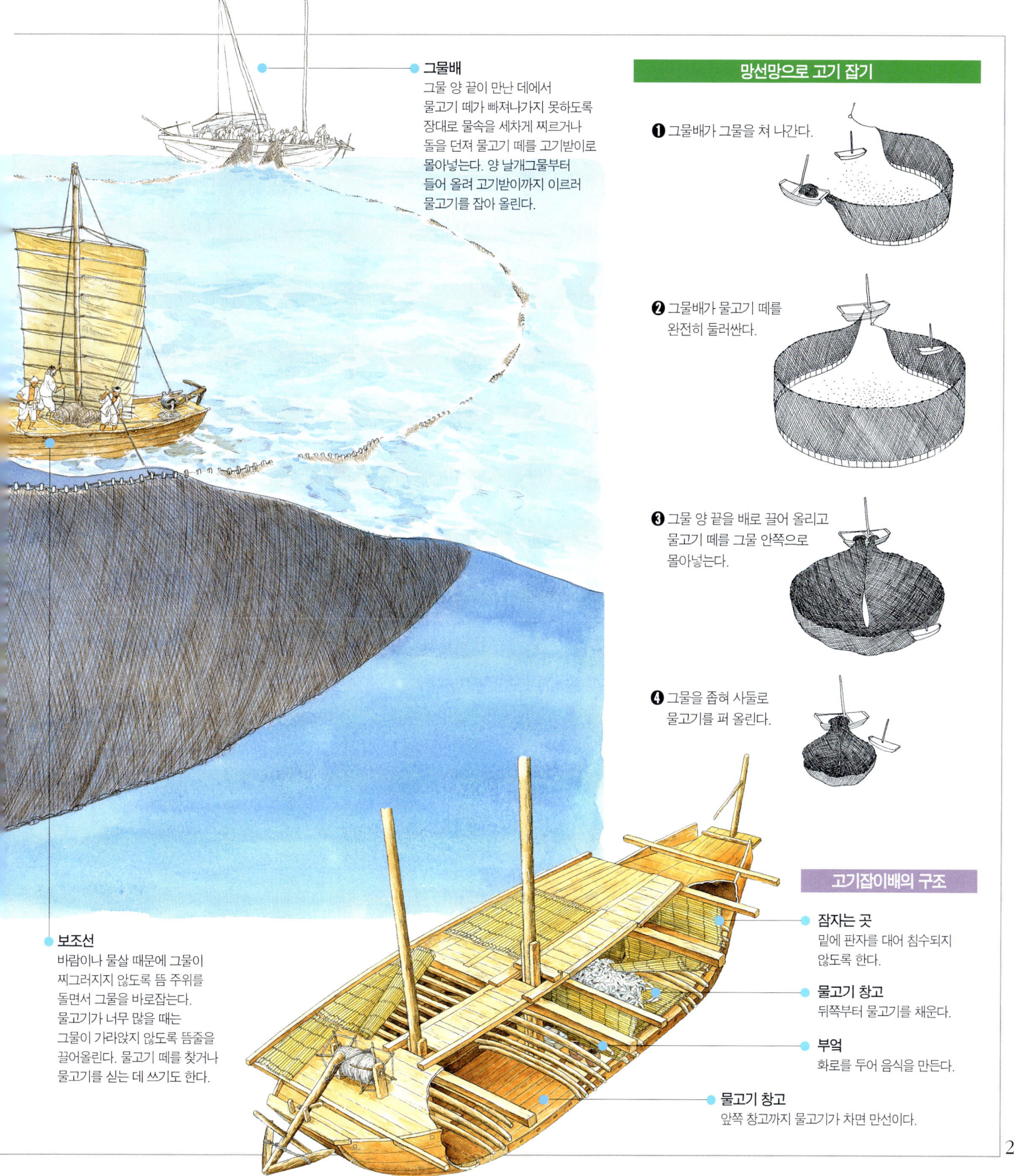

여러 줄 낚시

그물로는 한꺼번에 많은 물고기를 잡을 수 있다. 그러나 그물실 같은 재료는 비싸고, 그물을 뜨려면 시간도 많이 걸리고 매우 힘들다. 어민들은 좀 더 적은 비용으로 물고기를 잡을 수 있는 낚시도 많이 썼다. 어민들은 낚싯줄을 감은 '견지'라는 실패로 하는 외줄 낚시를 이용해 물고기를 낚았다. 그러나 외줄 낚시는 한 번에 여러 마리를 잡지 못한다. 그래서 그물처럼 한꺼번에 많은 물고기를 낚을 수 있는 방법을 개발했다.

긴 모릿줄(몸줄)에 짧은 아릿줄(가짓줄)을 여러 개 달고, 아릿줄에 미끼를 끼운 낚시를 매어 물속에 드리운다. 이것을 '주낙'이라 하는데, 주낙은 한 번에 한두 마리밖에 잡지 못하는 외줄 낚시의 결점을 보완한 것이다. 이로써 구조가 간단한 낚시로도 한꺼번에 많은 물고기를 잡을 수 있게 되었다.

▼ **불빛을 미끼로 멸치 잡기**
멸치는 불빛을 따르는 성질이 있어 불빛도 미끼가 된다. 한밤중에 배에 횃불을 밝혀 멸치 떼가 모이면 채그물로 떠 올린다.

▲ **준치 주낙**
기다란 모릿줄에 아릿줄과 낚시 여럿을 달아 바다 윗부분에 드리운다. 모릿줄 하나에 500줄에서 800줄의 아릿줄을 달았다. 충청도·경기도·평안도 연안에서 썼다.

준치

◀ 민어 사슬낙

민어를 잡는 데는 한 줄에 여러 개의 낚시가 달린 사슬낙을 쓴다. 뱃머리에서 낚싯줄 두세 줄을 내리는데 낚싯줄 끝에 대여섯 개의 낚시를 매단다. 작은 그물로 전어나 새우를 그 자리에서 잡아 미끼로 썼다. 연평도 연안에서 많이 썼다.

민어

바위섬에서 낚시하는 사람들 (김홍도)

바위섬 근처에서 물고기를 잡고 수산물을 따는 어부들이다. 손낚시로 물고기를 잡는데 왼쪽 사람은 움켜 안은 팔뚝만 한 물고기가 빠져나갈까 봐 쩔쩔매고 있다. 아래에는 부낭에 의지해 수산물을 따는 사람들이 보인다. (국립중앙박물관)

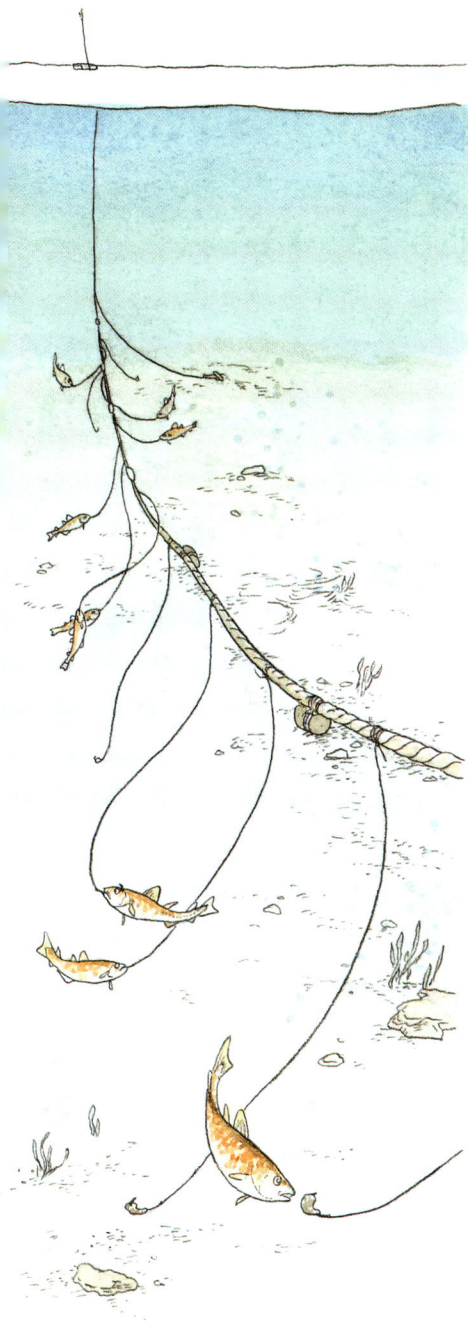

▲ 대구 주낙

배 한 척에서 열 광주리 정도의 모릿줄을 내린다. 모릿줄 한 광주리의 길이는 약 250m이고, 6m 간격으로 아릿줄을 단다. 개불·청어·굴 등을 미끼로 썼다. 함경도 북부와 경상도 남해안에서 썼다.

깊은 물속으로 물질하기

깊은 바닷물 속으로 잠수하여 해삼이나 전복, 미역 따위를 잡고 캐는 것을 '물질'이라고 한다. 물질을 하는 사람들은 대부분 여자들이다. 이들을 '잠수' 또는 '잠녀'라고 했는데 지금은 '해녀'라고 한다. 특히 제주도에 해녀가 많아 해녀라고 하면 보통은 제주도 해녀를 일컫는다.

해녀들은 '테왁'을 물에 띄운 뒤 숨을 깊이 들이쉬고 바다 밑바닥으로 잠수한다. 육지나 산맥, 섬이 놓인 위치를 고려해 바다 밑의 높낮이나 바위 등을 알아내 어장을 고른다. 숙달된 해녀들은 바다 물빛으로도 물고기나 조개류가 어느 바위에 있는지 짐작한다고 한다. 해녀들은 보통 2분, 길면 4분 동안 숨을 참는다. 전복이나 멍게 따위를 딴 뒤 물 위로 솟아올라 "호오이!" 하면서 참았던 숨을 한꺼번에 몰아쉰다. 테왁에 몸을 얹어 쉬면서 테왁에 달린 그물자루 '망사리'에 따 온 수산물을 넣는다.

▼ 테왁에 몸을 얹은 해녀

물질하는 해녀
해녀는 바다에서 일하는 여자라는 뜻이다. 보통 5m 정도까지 잠수하지만 때로는 20m까지도 잠수한다.

▼ **물옷**
해녀들의 잠수복이다. 무명에 감물을 들여 잦은 물질에도 오래 견딘다.

물질하러 바다로 들어가는 해녀

해녀들은 얼마나 깊이 들어가는지, 숨을 얼마나 오래 참는지, 소라 · 전복을 얼마나 많이 캐는지에 따라 상군 · 중군 · 하군으로 나뉜다.

해녀 어구

빗창
전복 같은 것을 뜯어내는 데 쓴다.

골각지
돌 틈 사이에 박힌 소라 등을 후벼 낸다.

해녀의 수산물

해녀들은 소라·전복·멍게·해삼·미역·우뭇가사리 등을 채취한다. 특히 해녀들은 값이 비싼 전복을 찾기를 기대했다.

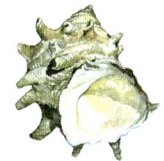 소라

 전복

 해삼

 멍게 (우렁쉥이)

 우뭇가사리

 미역

◀ 테우
통나무 옆에 구멍을 뚫어 장쇠라는 긴 나무를 박았다. 제주도에 많은 떼배이다.

◀ 테왁

◀ 망사리
테왁과 연결되어 있다.

종게호미
골갱이라고도 한다. 미역을 벤다.

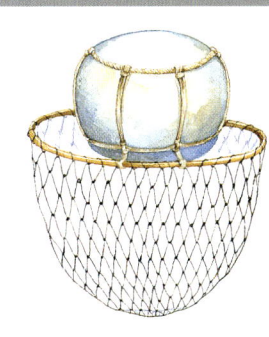

테왁과 망사리
테왁은 속을 판 뒤웅박이다. 망사리는 수산물을 넣어 두는 그물자루이다.

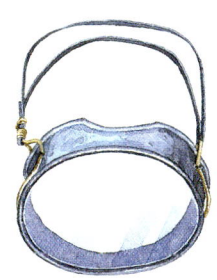 

통눈(왕눈)과 쌍눈(족새눈)
방수경이다. 근대에 들어서 썼다.

함정에 가두어 잡기

물고기 중에는 밀물에는 육지 쪽으로, 썰물에는 바다 쪽으로 들고 나는 것이 있어서 물고기 떼가 드나드는 길에 함정을 설치하면 물고기를 쉽게 잡을 수 있다. 이를 이용한 것이 '어살'이다. 어살은 밀물과 썰물이 드나드는 개펄에 V자 모양으로 날개를 세우고 양쪽 날개가 만나는 곳에 '임통'이라는 함정 장치를 설치한다. 넓은 입구를 조수가 빠지는 방향으로 세웠기 때문에 썰물 때 바다로 나가는 물고기가 날개에 막혀 임통으로 들어간다. 어살로 잡은 물고기는 주로 조수를 따라 연안을 오가는 조기·청어·갈치·새우·전어·가자미 등이다. 어살은 특히 밀물 썰물의 차가 크고 조류가 빠른 서해안과 남해안에서 발달하였다. 만들기는 힘들지만 한번 설치하면 오랫동안, 안정적으로 물고기를 잡을 수 있었다. 어살 어장은 토지처럼 큰 가치가 있어 고려 시대에는 왕자가 태어나면 이를 하사하기도 하였다.

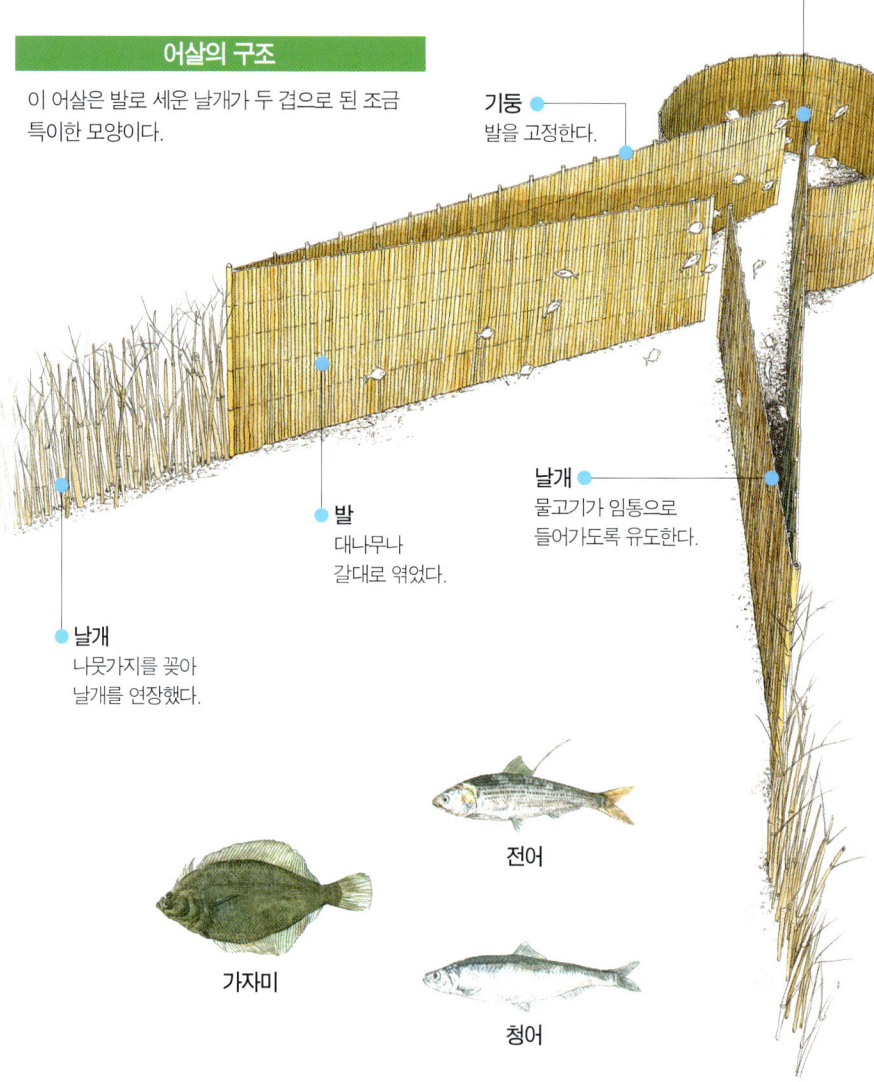

어살의 구조

이 어살은 발로 세운 날개가 두 겹으로 된 조금 특이한 모양이다.

- **임통** 물고기가 갇히는 곳.
- **기둥** 발을 고정한다.
- **날개** 물고기가 임통으로 들어가도록 유도한다.
- **발** 대나무나 갈대로 엮었다.
- **날개** 나뭇가지를 꽂아 날개를 연장했다.

전어
가자미
청어

어살에 갇힌 물고기 꺼내기 (김홍도)
물고기를 잡으며 놀기 위한 어살인 듯, 모양이 독특하다.
배에는 물독과 물고기를 요리할 솥이 실려 있다.

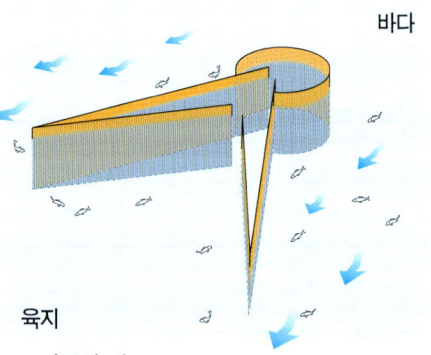

▲ 밀물일 때
물고기들이 밀물에 실려 육지 쪽으로 온다.

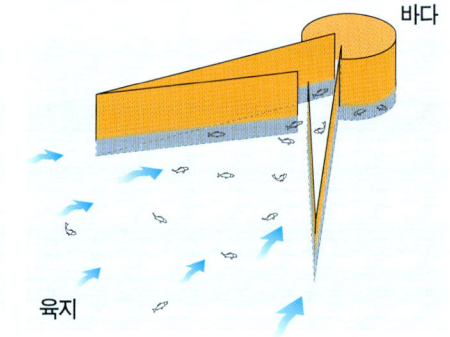

▲ 썰물일 때
물고기들이 썰물을 타고 나가다가 어살의 날개에 막혀 임통에 들어가 갇힌다.

물고기 떼를 따라 열리는 파시

고기잡이 철이 되면 고기잡이 근거지에는 상인들이 모여들고 이들을 통해 물고기는 전국으로 팔려 나갔다. 고기잡이배가 고기를 잡으면 상인들의 배가 다가가서 물고기를 사서 실었다. 이렇게 바다에서 물고기를 사고 파는 시장을 '파시'라고 한다. 파시 중 유명한 조기 파시는 칠산 바다에서 시작해, 조기 떼가 북쪽으로 이동함에 따라 옮겨 간다. 조기잡이 철이 되면 칠산 바다에는 고기잡이배와 장삿배가 빈틈이 없이 모여들어 커다란 섬이 생긴 것 같았다. 밤에는 고기잡이배들이 횃불을 밝혀 조기를 잡았다고 알리면 장삿배들이 모여드는데, 불빛이 수면에 비쳐 아름다움이 말로 표현하기 어려웠다고 한다.

▶ **조기잡이 근거지와 파시 지역**
칠산 바다와 연평도 바다의 조기 파시는 가장 유명한 파시였다.

▼ **음식이나 조기잡이 물품을 사고파는 가게**

물고기를 팔고 사는 사람들
바닷가에서 갓 잡은 물고기를 팔고 사고 있다. 뒤에는 짚으로 엮은 가게가 보인다. 이 가게는 접어서 배에 싣고 이동하였다.

북어를 만드는 덕장
덕장은 명태를 말리는 건조대이다. 말린 명태는 '북어'라고 하며 전국으로 팔려 나간다.

바닷가 사람들은 어떻게 살았을까?

바닷가 사람들은 배를 타고 바다에 나가 물고기를 잡고, 개펄에서 조개를 캐고 미역을 딴다. 바다는 삶의 터전이다. 사람들은 바다에 순응하여 산다. 바닷물이 나갈 때 배를 띄우고, 파도가 잔잔할 때 그물을 드리운다. 그물은 코를 넉넉하게 하여 어린 물고기는 잡지 않는다. 물고기를 잡지 않을 때는 그물과 낚시를 손질하고 배를 수리한다. 잡은 물고기는 정성스레 다듬고 말려 갈무리한다. 바닷가 사람들은 잠시도 손을 놀리지 않는다.

생선을 다듬고 말리기

물고기는 쉬이 상하기 때문에 오랫동안 저장하거나 먼 곳으로 운반하려면 가공해야 한다. 우리나라는 맑고 건조한 날이 많아 물고기를 주로 말려서 보관하였다. 소금을 쓰지 않고 햇볕에 말리는 방법을 '소건법'이라 한다. 그러나 날씨가 더운 봄·여름철에 잡히는 조기는 소금에 절여 말려서 굴비를 만든다. 겨울에 잡는 명태는 얼리고 말려서 북어를 만든다. 얼려서 말리는 '동건법'은 우리나라의 독특한 건조법이다. 굴비나 북어는 오래 저장할 수 있고 맛도 좋다. 이 밖에 생선의 살과 내장이나 알 같은 것들은 소금에 절여 발효시켜 젓갈을 만들었다. 청어는 연기에 쐬어 말리기도 하였다.

북어 만들기

명태는 내장을 빼고 물에 씻어 말린다. 덕장에 넌 명태는 밤에는 얼었다가 낮에는 녹기를 반복하면서 마른다. 잘 말라 살이 부드럽고 노란색이 나는 북어는 '황태'라고 하여 고급으로 쳤다. 스무 마리를 꼬챙이에 꿴 것을 '쾌'라고 한다.

❶ 찬물에 씻는다.

❷ 덕에 널어 말린다.

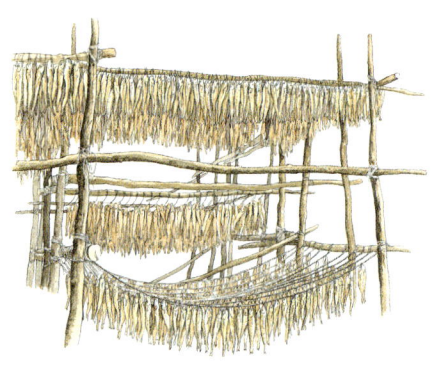

❸ 꼬챙이에 꿴다.

물고기를 다듬는 아낙들
물고기를 같은 종류끼리 모으고 배를 갈라 내장과 알을 뺀다.

젓갈 담그기

생선의 살이나 알·내장, 조개·새우 따위를 소금에 절여 젓갈을 담근다. 멸치젓과 새우젓을 가장 많이 담갔다.

장으로 나가는 갯가 아낙 (김홍도)
이른 새벽, 갯가 아낙들이 밤게, 새우, 소금을 이고 시장으로 나간다. (이화여대 박물관)

굴비 만들기

조기는 배를 가르지 않고 통으로 말린 것이 맛이 좋다. 소금에 절인 다음 스무 마리씩 엮어서 말려 굴비를 만든다. 굴비 스무 마리를 볏짚으로 엮은 것을 '두름'이라고 한다.

❶ 소금에 절인다.

❷ 볏짚으로 엮는다.

❸ 건조대에 걸어 말린다.

조개와 해조류 따기

조개나 해조류를 따는 것도 고기잡이 못지않게 중요한 일이다. 해조류는 썰물 때 드러난 것을 따거나 배를 타고 바다에 들어가 채취한다. 사람들이 주로 채취한 해조류는 김·미역·다시마·파래·톳·우뭇가사리 따위였다. 김은 17세기부터 양식을 한 것으로 보인다.

우리나라는 동해안을 제외한 해안, 특히 서해안에는 개펄이 발달하여 조개의 종류가 많고 양도 풍부하다. 간단한 도구로도 잡을 수 있는 조개류는 영양분도 많고 맛도 좋은 고급 식품이다. 우리나라에서 많이 잡히는 조개는 굴·백합·전복·홍합·가리맛조개·바지락 등이었다.

▼ **굴 따기**
얕은 바다의 바위에 붙은 굴은 커다란 가위 모양의 기구로 딴다.

▶ **홍합 쪄서 말리기**
쪄서 말리는 방법을 '자건법'이라고 한다.
홍합을 쪄서 꼬챙이에 꿰어 말렸다.
새우도 이렇게 많이 가공하였다.

▶ **조개잡이 아낙**
우리나라 서·남해안은
개펄이 발달해 각종 조개와
수산물이 풍부하다.
호미로 조개를 잡고 있다.

▼ **조개와 해조류 채취 기구**

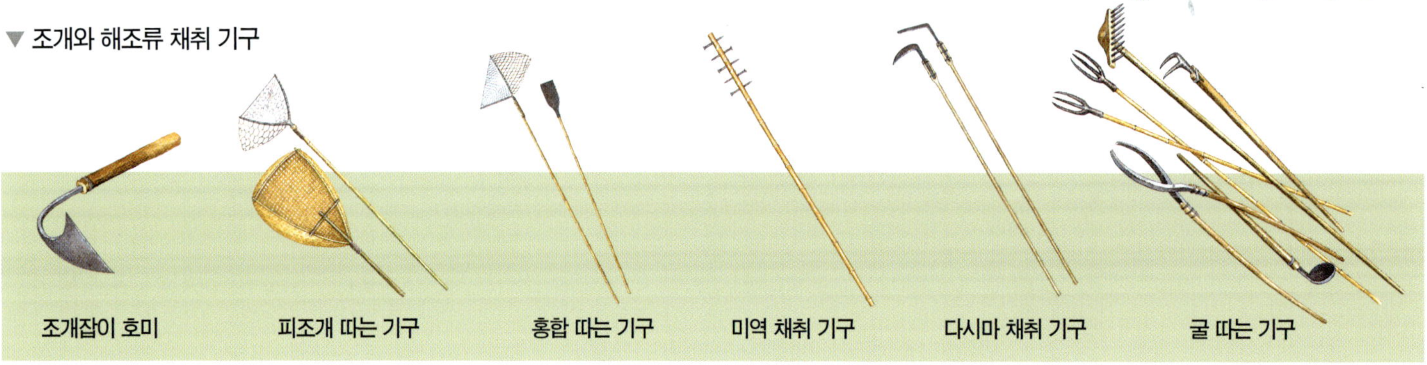

| 조개잡이 호미 | 피조개 따는 기구 | 홍합 따는 기구 | 미역 채취 기구 | 다시마 채취 기구 | 굴 따는 기구 |

▼ 미역 채취
끝에 못이 달린 장대로 미역을 감아올린다.
물고기 기름을 수면에 뿌리면 잔물결이
가라앉아 물 밑이 잘 보인다.

김 가공

❶ 김 씻기
김을 물에 여러 번 씻어
잡티를 없앤다.

❷ 자르기
칼로 김을 잘게 썬다.

❸ 모양 만들기
물에 푼 김을 김틀에 고르게 부어
종이처럼 네모나게 만든다.

▼ 김 양식
조선 시대에는 얕은 바다에 가지가 붙은 대나무나 나뭇가지를 꽂아
여기에 김이 붙어 자라도록 하였다. 이것을 '섶 양식'이라 한다.

❹ 말리기
김발에 붙은 김을 건조대에
걸어서 말린다.

배도 고치고 그물도 뜨고

농사 짓는 이에게 쟁기나 낫 따위의 농기구와 밭갈이할 소가 소중하듯, 고기 잡는 이들에게는 배와 그물과 낚시 같은 어구가 매우 소중하다. 특히 배는 가장 큰 재산이기 때문에 사람들은 배를 항상 깨끗이 하고 정성껏 수리한다. 널빤지를 이은 나무못이 헐거워지면 갈아 끼우고, 배 밑을 그슬려 널빤지가 썩지 않도록 한다.

그물과 낚시도 손보고 또 새로 만들어야 한다. 낚싯줄에는 감물을 들이거나 돼지 피를 발라 질기게 만든다. 칡덩굴이나 삼의 껍질을 벗겨 꼰 실로 그물을 뜬다. 그물은 늘 물에 젖어 있으므로 쉬이 썩고 약해진다. 그래서 소나무, 상수리나무 등의 껍질을 삶은 물로 물들여 썩는 것을 막았다. 그물을 쓰지 않을 때는 햇볕에 말려 보관하였다.

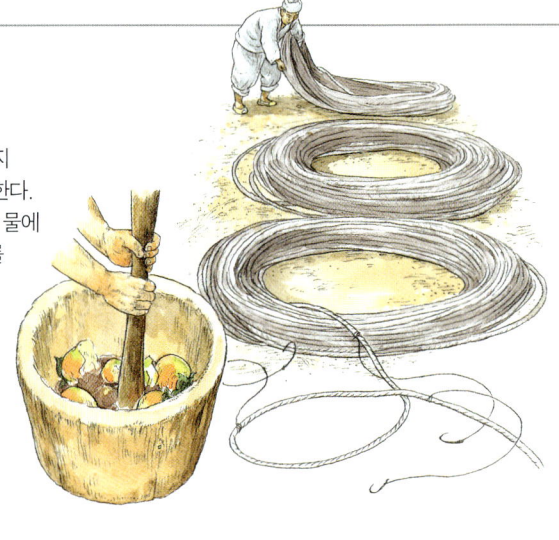

▶ 낚싯줄 물들이기
낚싯줄은 물고기 눈에 띄지 않게 가늘면서도 질겨야 한다. 삼실로 꼰 줄을 풋감 으깬 물에 담갔다가 햇볕에 말리기를 몇 차례 하면 검은색의 아주 질긴 낚싯줄이 된다.

배와 그물을 손질하는 사람들
배의 널빤지 사이에 톱밥 같은 것을 끼워 배에 물이 스며들지 않도록 한다. 갑판에는 굵은 대나무를 엮어 얹는다. 뒤쪽에서는 그물을 삶아 말리거나 뜨고 있다.

▼ 배 그슬리기
물속에 잠긴 배 밑부분에는 해초나 조개가 달라붙는다.
이런 것들이 붙어 있으면 나무가 썩기 쉬우므로 불로 그슬려 없앤다.

◀ 그물 삶기
칡 껍질로 만든 해선망 그물은 한 달에 한 번씩 나무껍질을 넣은 물에 꼬박 하루 동안 삶는다. 이렇게 하면 그물이 질기고 빳빳해져서 물이 잘 빠진다.

▶ 그물 손질
물고기를 잡다 보면 그물이 찢어지거나 터지기도 한다. 터진 부분은 그물을 뜰 때처럼 빗대와 바늘대로 다시 뜬다.

▶ 바늘대

▲ 닻 수선
고기잡이배는 닻을 물 밑에 내리고 작업하는 때가 많아 닻이 상하기 쉽다. 닻을 손볼 때는 연결 부분이 헐겁지 않은지, 개흙에 박히는 뾰족한 부분이 부서지지 않았는지 살핀다.

▲ 돛 물들이기
돛은 거센 바닷바람을 받기 때문에 튼튼해야 한다. 천으로 된 돛은 붉은 황토 물에 담근다. 이렇게 물들인 돛을 '황포돛'이라 한다. 황포돛은 곰팡이가 피지 않고 색도 변하지 않으며, 올 사이가 진흙으로 막혀 바람을 잘 받는다.

사람과 바다가 하나 되어

고기 잡는 사람들은 자연에 기대어 산다. 배를 띄우려면 하늘을 보고 날씨를 가늠해야 한다. 고기 떼가 몰려오는 것 또한 사람의 힘으로 되는 것이 아니다. '자연히 그렇게 되는 것'일 뿐이다. 배에 가득 물고기를 잡다가도 풍랑을 만나면 목숨을 잃을 수도 있다. 바다는 만선과 풍어의 기쁨을 주지만 풍랑과 죽음을 가져오는 무서운 존재이기도 하다. 따라서 바다에 생명을 건 어촌 사람들에게는 바다에서 안전하게 돌아오는 것과 물고기를 많이 잡는 것이 가장 큰 소망이다. 사람들은 거대하고 무서운 자연을 이해하고 순응하려 애썼다. 바다에는 신이 있다고 믿으며 그 신에게 안전과 풍어를 빌었다. '풍어제'는 사람들의 이런 소망이 담긴 의식이다. 마을 사람 모두가 참여하는 풍어제는 사람과 자연을 연결하고 또한 사람과 사람 사이에 든든한 공동체 의식을 키워 냈다.

◀ **띠배굿놀이**
'띠'라는 풀로 배를 만들어 짚 인형과 제물을 넣고 바다에 띄운다. 이 배는 마을 사람들에게 올 재앙과 불행을 싣고 떠난다. 띠배가 멀리 떠나 가라앉으면 사람들의 불행도 멀리 떠나는 것이다.

▶ **용궁부인**
풍요로운 바다는 아이를 낳는 여성과 동일시된다. 그래서 바다의 신을 여성으로 여겼고, 신이 질투할까 꺼려 배에 여성을 태우지 않았다고 한다.
(서울대학교 박물관)

수산물의 다양한 쓰임새

바다에서 나는 물고기나 해조류, 조개는 먹거리일 뿐 아니라 다양한 물건을 만드는 데에도 쓰였다. 주로 무늬나 빛깔을 이용한 장식 재료로 많이 쓰였는데, 대표적인 것이 '자개'이다. 자개는 얇게 간 조개껍데기를 썰어서 낸 조각이다. 옻칠한 장롱이나 소반, 그릇 등의 겉에 자개를 맵시 있게 박아 꾸미고 칠을 한 공예품을 '나전 칠기'라고 부른다. 우리나라에서는 청록빛 도는 화려한 빛깔의 전복껍데기를 많이 썼다. 또 바다거북 등딱지나 상어의 가죽도 공예품을 만드는 데 썼다. 거북이나 자라의 등딱지는 말려서 약재로도 썼다.

자개로 만든 물건들

자개의 아름다운 빛깔은 주성분인 탄산칼슘 때문이다. 탄산칼슘의 무색 투명한 결정은 빛을 받으면 프리즘처럼 무지갯빛을 낸다.

▲ 자개로 장식한 베갯모 (국립민속박물관)

▲ 자개를 박아 붉은 칠을 한 농 (궁중 유물 전시관)

▲ 자개를 박은 상자 (국립민속박물관)

▲ 연잎 모양으로 자개를 박은 상 (장원훈 소장)

▲ 자개로 장식한 베개 (국립중앙박물관)

바다짐승의 털가죽

해달이나 바다표범의 털가죽은 물에 잘 젖지 않는다. 고급 옷이나 모자 등을 만드는 데 쓴다.

▲ 바다짐승의 털가죽을 가장자리에 댄 갑옷 (국립민속박물관)

소라로 만든 악기

나각은 큰 소라 껍데기로 만든 악기이다. '소라' 또는 '나'라고도 한다. 크기에 따라 음의 높낮이가 다르다.

▲ 대취타 중의 나각 취주 모습 (정신문화 연구원)

거북 등딱지

거북의 등 껍데기는 '귀갑'이라고 한다. 귀갑은 약재나 공예품의 재료로 쓴다. 바다거북의 일종인 대모의 등딱지는 대모갑이라 하여 고급 물품을 만드는 데 쓴다.

▲ 바다거북 (정신문화 연구원)

◀ 대모 안경테 (금복현 사진)

상어 가죽으로 장식한 물건들

물고기 가죽을 어피라고 한다. 특히, 상어 가죽은 매우 거칠어 사포로도 썼다. 숫돌에 매끈하게 갈면 튼튼하고 고급스러운 장식재가 된다.

▲ 어피 안경집 (금복현 사진)

▼ 어피로 장식한 인뒤웅이 (궁중 유물 전시관) 임금의 옥새를 보관하였다.

▲ 어피와 놋쇠로 장식한 활집 (연세대학교 박물관)

▼ 대모로 장식한 상

45

용어 풀이

개펄 개흙이 깔린 바닷가의 벌판이다. 밀물과 썰물의 차가 큰 해안에 발달한다. 조개류가 많이 살며, 어살 같은 어구를 설치하기에 알맞다. 간석지라고도 한다.

걸그물 물고기가 오가는 곳에 쳐서 물고기가 그물코에 꽂히도록 하여 잡는 긴 네모꼴 그물이다. 잡고자 하는 물고기의 종류에 따라 바다 밑바닥 쪽에 치는 것과 수면 가까운 곳에 치는 것이 있다.

곧은 낚시 말 그대로 일직선의 낚싯바늘이다. 바늘의 양 끝은 뾰족하고 가운데는 홈이 패어 있다. 낚싯줄을 홈에 묶고 낚시와 낚싯줄이 일직선이 되게 하여 미끼를 꿰어 물고기를 낚는다. 물고기가 낚시를 물고 당기면 낚시가 물고기 몸속에서 회전하여 낚시와 낚싯줄이 T자 모양을 이루게 되므로 낚시가 빠지지 않는다. T자형 낚시라고도 한다.

단식 낚시 짐승의 뼈·뿔·이빨 따위로 바늘 부분과 몸체 부분을 한꺼번에 만든 곧은 낚시.

돌살 밀물과 썰물이 드나드는 개펄에 보통 반달 모양으로 쌓은 돌담. 밀물 때 돌담 안에 들어왔다가 썰물 때 빠져나가지 못하고 갇힌 물고기를 잡는다. 석방렴 또는 살, 독살, 원담 등으로 불린다.

동건법 명태를 가공하는 방법으로 얼려서 말리는 것이다. 우리나라 특유의 건조법이다.

덕장 명태를 걸어서 말리려고 덕을 매어 놓은 곳.

뜸 그물 위쪽에 달아 그물이 가라앉지 않도록 하는 것. 굴참나무 껍질같이 뜨는 힘(부력)이 큰 물질로 만들었다. 옛날에는 '보굿'이라 하였다.

미늘 낚시의 끝이나 작살 끝에 붙어 있는 가시 모양의 갈고랑이다. 물고기가 빠져나가지 못하도록 한다.

반두 길쭉한 네모꼴의 그물감 양쪽 가장자리에 손잡이 막대기를 댄 그물이다. 두 사람이 손잡이 하나씩을 잡고 물고기를 한곳으로 몰아 잡는다.

발돌 그물에 물 밑으로 가라앉는 힘(침강력)을 주기 위하여 그물 아래 벼릿줄에 다는 추이다. 돌이나 납처럼 무거운 물질로 만들었다. 옛날에는 툿이라 하였다.

봉돌 낚싯줄이 물속에 가라앉게 하기 위하여 낚싯바늘 조금 위에 매다는 추이다. 무거운 물질로 작게 만든다. 봉 또는 낚싯봉이라고도 한다.

어살 발로 만든 어구로 주로 바다에 설치한다. 날개는 조수가 흘러드는 쪽을 입구로 V자 모양이 되게 설치하고 임통은 날개가 만나는 곳에 네모꼴이나 둥근꼴로 만든다. 썰물 때 바다로 돌아가던 물고기가 날개에 막혀 임통 안으로 들어가게 된다. 어살은 일찍부터 서해안에 많이 설치하였다.

외줄 낚시 한 개 또는 서너 개의 낚시가 달린 한 줄의 낚싯줄을 물속에 드리우고 낚싯줄을 손으로 잡고 조작하여 물고기를 낚는 낚시이다.

이음 낚시 신석기 시대에 많이 쓴 낚시이다. 낚시의 바늘 부분과 몸체 부분을 따로 만들어 그 밑부분을 묶어서 만든다. 짐승의 뼈나 뿔로 만든, 큰 물고기를 낚는 대형 낚시이다. 금속으로 낚시를 만든 후에는 이음 낚시를 만들 필요가 없어졌다.

임통 어살에 설치된 함정 장치이다. 그물의 고기받이에 해당한다.

자건법 물고기, 새우, 해삼 등을 삶아서 말리는 방법이다. 자건법으로 만든 대표적인 수산물은 마른 멸치와 홍합이다.

작살 물고기를 찔러 잡는 어구이다. 처음에는 막대기의 한 쪽 끝을 뾰족하게 만들어 썼다. 그러나 점차 단단한 물질로 만든 뾰족한 기구(작살 끝)를 만들어 자루 끝에 붙여 쓰게 되었다. 물고기의 몸에 맞으면 작살 끝은 몸속에 박히고 자루는 분리되어 빠지는 '분리 작살'도 있다.

잠녀 물속으로 들어가 수산물을 채취하는 여자들. '잠수'라고도 했다. 지금은 흔히 '해녀'라고 하나 이는 일본에서 건너온 말이다.

조개무지 옛날에 주된 식량이었던 조개를 까먹고 버린 조개껍데기가 쌓여 무덤처럼 된 것. 조개무덤 또는 조갯더미라고도 한다. 신석기 시대에 가장 많이 생겨났다. 사람들은 조개무지에 동물의 뼈, 질그릇, 생산 도구 등도 버렸기 때문에 여기서 발견되는 작살 끝, 낚시, 발돌 등은 선사 시대의 고기잡이를 연구하는 데 중요한 자료가 된다.

조석 태양과 달 특히 달의 인력에 의해 일정한 시간을 두고 주기적으로 바닷물의 높이가 오르내려 밀물과 썰물이 일어나는 현상.

조류 조석 때문에 일어나는 바닷물의 수평 운동.

족대 사다리꼴의 그물감 양쪽 가장자리에 손잡이 자루를 댄 작은 그물. 한 사람이 들고 물고기를 잡는데, 주로 개천에서 쓴다.

쟁이 물고기를 위에서 덮쳐 잡는 덮그물의 한 가지. 원뿔꼴의 그물인데, 펼쳐지도록 던져서 물고기를 덮친다. 그물의 아래 자락에 발돌이 촘촘히 달려 있으므로, 그물을 당기면 그물 입구가 좁아져 물고기가 빠져나가지 못한다. 수심이 얕은 하천이나 바다에서 쓴다.

주낙 한꺼번에 여러 마리의 물고기를 낚을 수 있게 만든 낚시이다. 긴 모릿줄에 짧은 아릿줄을 일정한 간격으로 여러 개 달아서 만들었다. 아릿줄에 달린 낚시에 미끼를 꿰고 모릿줄을 물 밑에 수평으로 쳐 놓으면 아릿줄은 수직으로 드리워진다.

주목망 조수 간만 차가 큰 바다에 기둥을 세워 고정시킨 그물이다. 기둥을 세워서 두 기둥 사이에 긴 원뿔 모양의 그물을 매단다. 기둥 밑에는 무거운 돌을 매달아 기둥을 고정시킨다. 조수 간만을 따라 오가다가 그물에 들어오는 물고기나 여러 수산 동물을 잡는다. 조류의 방향이 바뀌면 그물 입구의 방향도 바꾸어 설치한다.

중선망 배의 갑판에 굵고 긴 나무(수해)를 가로로 걸쳐 고정시키고 배 양쪽으로 나온 나무에 매단 긴 자루 모양의 그물이다. 그물 입구의 밑에는 수해와 같은 방향으로 긴 나무(암해)를 매달아 그물 입구가 잘 벌어지게 한다. 조수가 흘러오는 방향을 향하여 입구를 벌려 물고기를 잡는데 주로 조기를 잡는다. 젓새우를 주로 잡는 해선망이라는 그물도 구조는 중선망과 같으나 규모가 작다.

통발 쪼갠 대나무나 싸리나무 같은 것으로 원뿔꼴의 통을 만들고 아가리 안쪽을 깔때기 모양으로 만든 어구이다. 주로 개천에 설치하여 흐르는 물을 따라 내려오다가 들어오는 물고기를 잡는다. 어살의 임통 밑부분에 꽂아 놓기도 한다.

파시 고기잡이 철에 장삿배가 고기잡이배를 찾아가 물고기를 사고파는 해상 시장이다. 고기잡이에 필요한 물품을 파는 상인이나 술장사들도 고기잡이 근거지 해안에 모여들어 시장을 이루었는데 이도 파시라고 하였다. 서해안의 조기 파시가 가장 유명하였고 연평 파시와 칠산 파시는 2대 파시로 불린다.

풍어제 물고기가 많이 잡히는 것을 풍어라고 한다. 어촌에서 풍어를 빌기 위하여 신령에게 음식을 바치고 정성껏 지내는 제사이다.

회전식 분리 작살 분리 작살의 일종. 작살 끝의 허리에 줄을 매어 작살 자루에 연결한다. 작살 줄이 당겨지면 작살 끝이 빠져 물고기나 바다 짐승의 몸속에서 회전한다. 작살 끝과 줄이 T자 모양을 이루어 작살 끝이 빠지지 않는다.

찾아보기

가
가리 16
개펄 16, 32, 35, 38
걸그물 24-25
고기받이 24, 26-27
고기잡이배 18, 25, 27, 33, 41
고래잡이 12-13
곧은 낚시 14-15
골각지 30
구석기 시대 6
굴 따는 기구 38
굴비 36-37
굽은 낚시 14
그물 6, 18, 20, 22, 25, 26, 28-29, 35, 40-41
그물배 26-27
그물코 18, 23, 24-25
금속 작살 13
김 가공 39
김 양식 39

나
나각 45
나전 칠기 44
낚시 6, 14-15, 28-29, 35, 40
난류 20, 24

다
다시마 채취 기구 38
단식 낚시 14-15
대륙붕 20, 23
대모 45
덕장 34, 36
돌살 17
돌 작살 11
동건법 36

두릿그물 26
뜸 18, 24, 26
띠배굿놀이 42

마
망선 27, 43
망사리 30-31
망선망 26-27
맨 작살 10
모릿줄 28-29
물고기 기름 39
물옷 30
물질 30
미늘 10-11, 14-15
미역 채취 기구 38

바
바다거북 등딱지 44
반두 18-19
발 16, 17
발돌 18-19, 24, 26
발찌 13
봉돌 14-15
북어 34, 36
빗창 30
뼈·뿔 작살 11

사
사둘 18, 25, 27
사슬낙 29
상어의 가죽 44
섶 양식 39
소건법 36
손낚시 14, 29
쇠 작살 11, 13
수해 23
신석기 시대 6, 8, 20
쌍눈 31

아
아릿줄 28-29
암각화 12-13
암해 22-23
어살 17, 20, 32
어피 45
외줄 낚시 28
원시 그물의 흔적 19
이음 낚시 14-15
임경업 장군 43
임통 32

자
자개 44
자건법 38
작살 6, 7, 10-11, 13
작살 끝 10-11
잠녀 30
잠수 9, 30-31
젓갈 22, 36-37
정착 생활 6
조개를 돌로 찌는 방법 9
조개무지 8
　동삼동 조개무지 8
　범방 조개무지 14
　산등 조개무지 8
　연대도 조개무지 13
　욕지도 조개무지 9
조개잡이 호미 38
조류 22-23, 32
조수 16-17, 20, 32
족대 18-19
종게호미 31
쟁이 18
주낙 28-29
주목망 20, 22
중선망 20, 22-23
중선망배 21

차
채그물 28
청동기 시대 12
청동 낚시 거푸집 15
청동 작살 13
출어 21

타
테왁 30-31
테우 31
통눈 31
통발 17

파
파시 33
팔찌 8
풍어제 42-43
피조개 따는 기구 38

하
한류 20, 24
해녀 30
해류 24
해선망 22-23, 41
홍합 따는 기구 38
회전식 분리 작살 11
후릿그물 24-25

전통과학시리즈

❶ **배무이** 나룻배에서 거북선까지 다양한 우리 전통 배들을 소개합니다.
❷ **집짓기** 온돌과 마루가 함께 있는 우리 한옥의 역사와 특징을 보여 줍니다.
❸ **옷감짜기** 삼베·비단·무명 등 우리 전통 옷감이 만들어지는 모든 과정을 담았습니다.
❹ **고기잡이** 원시 어구·낚시·그물 등을 이용한 전통 고기잡이 기술을 보여 줍니다.

■ 이 책을 만드는 데 참고한 자료들

수산청,『한국 수산사』, 1968.
박구병,「한국 어업 기술사」,『한국 문화사 대계 Ⅲ』, 고대 민족문화 연구소, 1968.
박구병,『한국 어업사』, 정음사, 1975.
유종생,『한국 패류 도감』, 일지사, 1976.
정문기,『한국어도보』, 일지사, 1977.
박구병,「한국 수산업 기술사」,『한국 현대 문화사 대계 Ⅲ』, 고대 민족문화연구소, 1977.
수우회,『현대 한국수산사』, 1987.
부산수산대학 박물관,『산등패총』, 1989.
문화재관리국 문화재연구소,『한국 민속 종합 보고서 제 23책(어업용구편)』, 1992.
국립진주박물관,『연대도 Ⅰ』, 1993.
김재근,『한국의 배』, 서울대학교 출판부, 1994.
박구병,「수산업」, 국사편찬위원회,『한국사 24-조선 초기의 경제 구조』, 1994.
박구병,『증보판 한반도 연해 포경사』, 도서출판 민족문화, 1995.
한창균·신숙정·장호수,『북한 선사시대 문화 연구』, 백산자료원, 1995.
박구병,「어업」,『한국사 33-조선 후기의 경제』, 국사편찬위원회, 1997.
주강현,『조기에 관한 명상』, 한겨레신문사, 1998.

William Radciffe, Fishing from the Earliest Times, Burt Franklin, 1969.
L. L. Sample, "Dongsamdong: A Contribution to Korean Neolithic Culture History",
Arctic Anthropology, Vol. XI. No.2, 1974.
Hillary Stewart, Indian Fishing, University of Washington Press, 1977.
James Hornel, Fishing in Many Waters, Cambridge University Press, 1979.

農商工部水産局,『韓國水産誌 第1輯』, 1908.
渡邊 誠,『繩文時代の漁業』, 雄山閣, 1973.
直良信夫,『釣針』, 法政大學出版局, 1976.
江坂輝彌·渡邊 誠,『古代人の暮しをさぐる』, 福武書店, 1986.

이 밖에 국립 광주 박물관, 국립 민속 박물관, 국립 중앙 박물관, 육군사관학교 박물관, 영남대 박물관, 제주도 민속자연사 박물관,
호암 미술관의 도록과 교육방송과 목포 문화방송의 영상 자료를 참고하였습니다. 또한 국립 해양 박물관 학예연구실, 서울대 해양학과
퇴적학 연구실, 국립 문화재 연구소 예능연구실, 국립 민속 박물관 학예연구실에서 여러 가지 도움말을 주셨습니다.